Mein Tag ist *heute!*

Zitate und Weisheiten für Menschen, die noch erfolgreicher werden wollen.

INtem MEDIA

Persönliche Widmung für:

Dieses Exemplar wurde Ihnen überreicht von:

W0414262

Kling, Seßler und Hagmaier:
Mein Tag ist heute
Zitate und Weisheiten für Menschen,
die noch erfolgreicher werden wollen.

1. Auflage 2001 (10.000 Expl.)

© Copyright bei den Autoren.
Dieses Werk einschließlich aller seiner Teile ist urheberrechtlich geschützt. Jede Verwendung außerhalb der engen Grenzen des Urheberrechtsgesetzes ist ohne Zustimmung der Autoren unzulässig. Alle Rechte der Verbreitung, auch durch Film, Funk und Fernsehen, fotomechanische Wiedergabe, Tonträger jeder Art, auszugsweisen Nachdruck oder Einspeicherung und Rückgewinnung in Datenverarbeitungsanlagen aller Art, sind vorbehalten.

Gestaltung: Oelenheinz und Frey, Mannheim
Gedruckt auf säurefreiem und chlorfrei gebleichtem Papier
Printed in Germany

IN*tem* Media
Ein Unternehmen der IN*tem*-Gruppe
Mallaustr. 69-73, 68219 Mannheim

Wie machen Sie jeden Tag zu „Ihrem" Tag?

Jeder Tag kann ein Gewinn werden – wenn Sie es wollen!
Aber manchmal muss man aktiv etwas dafür tun. Deshalb ist dies nicht nur ein Buch über gesammelte Zitate, Sprüche und Weisheiten, sondern ein Büchlein, das Sie zum Tun anregen will. Und zwar Tag für Tag für Tag...

Natürlich können Sie diese Zitate einfach lesen und sich daran erfreuen. Idee dieses Buches ist jedoch, dass Sie sich von den Tagestipps inspirieren lassen und jeden Tag für die Gestaltung Ihres Tages aktiv etwas unternehmen. Vielleicht passt ein Tagestipp gerade an diesem Tag nicht auf Ihre Situation. Dann möchten wir Sie dazu einladen, sich selbst einen Tipp zu überlegen, der Ihren Tag wertvoller gestaltet, oder einfach einen Tipp eines anderen Tages aus dem Buch zu wählen, der Ihnen im Moment mehr zusagt.

Die Zeit ist reif, die Wünsche und Visionen, die in uns leben, durch die Tat zur Wirklichkeit werden zu lassen. Darum geben Sie jedem Tag die Chance, der schönste in Ihrem Leben zu werden. Gestern ist schon tot und morgen ist noch nicht geboren. Leben ist ausschließlich im „Jetzt" und „Heute".

Wir wünschen Ihnen viele schöne, erfolgreiche, dankbare und glückliche „Heute".

Mannheim, Dezember 2001

Marion Kling, Helmut Seßler und Ardeschyr Hagmaier
sowie das gesamte IN*tem*-TrainerTeam

INtem MEDIA

1. Januar

Wenn du einmal Erfolg hast, kann es Zufall sein. Wenn du zweimal Erfolg hast, kann es Glück sein. Wenn du dreimal Erfolg hast, so ist es Fleiß und Tüchtigkeit. **Aus der Normandie**

Tagestipp

Was sind Ihre größten Erfolge im Leben?

2. Januar

Nicht die Jahre in unserem Leben zählen, sondern das Leben in unseren Jahren zählt.

Adlai E. Stevenson

Tagestipp

Deshalb prüfen Sie heute, wie Sie Leben in Ihren Tag bringen können.

3. Januar

Wer immer nur funktioniert, entzieht sich dem Abenteuer des Lebens. **Armin Mueller-Stahl**

Tagestipp

Entziehen Sie sich dem Alltag – wenn auch nur für kurze Zeit – und suchen Sie nach einem Abenteuer für Ihren Tag.

4. Januar

Die Natur des Geistes ist so gearbeitet, dass uns der Wechsel meist mehr Erholung schafft als die Ruhe. **Ernst Freiherr von Feuchtersleben**

Tagestipp

Auf welchen Gebieten sind Sie so "festgefahren", dass Ihnen ein Wechsel gut tun würde? Machen Sie heute den ersten Schritt zu einem Wechsel hin.

5. Januar

Work is much more fun than fun.

Noel Coward

Tagestipp

Überlegen Sie sich, was Ihnen an Ihrer Arbeit besonderen Spaß macht. Erinnern Sie sich daran, welche guten Gründe damals für diese Tätigkeit gesprochen haben und genießen Sie sie.

6. Januar

Es geht im Leben nicht darum, was sie alles wissen. Viel wichtiger ist es, welche Entscheidungen sie treffen und was sie tun.

Ardeschyr Hagmaier

Tagestipp

Wovon werden Sie sich heute entgültig trennen?

7. Januar

Der Pessimist beklagt sich über den Wind. Der Optimist hofft, dass sich der Wind dreht. Der Realist setzt die Segel neu.

Managerweisheit

Tagestipp

Aus welcher Richtung weht der Wind, den Sie benötigen? Welche „Segel" können Sie heute neu setzen, um Ihren Träumen näher zu kommen?

8. Januar

Die Straße zum Erfolg ist lang. Wer sie einschlägt, sollte sie auch bis zum Ende gehen.

Erfolgsweisheit

Tagestipp

Welcher – auch noch so kleine – Schritt bringt Sie heute weiter auf der Straße zu Ihrem Erfolg?

9. Januar

Die Zukunft hat viele Namen. Für die Schwachen ist sie die Unerreichbare, für die Furchtsamen ist sie die Unbekannte, für die Tapferen ist sie die Chance. **Victor Hugo**

Tagestipp

Welche Chancen gibt es heute in Ihrem Leben?

10. Januar

Fürchte dich nicht vor einem großen Schritt. Mit zwei kleinen Sprüngen kannst du keine Schlucht überwinden. **Chinesische Weisheit**

Tagestipp

Suchen Sie heute für Ihre Probleme ungewöhnliche Lösungen. Die bekannten Lösungen lösen häufig auch nur bekannte Probleme.

11. Januar

Wenn die Entscheidung getroffen ist, sind die Sorgen vorbei. **Cicero**

Tagestipp

Trainieren Sie Ihren Entscheidungsmuskel. Treffen Sie heute eine Entscheidung, sei sie auch noch so klein.

12. Januar

Ein Mensch hat dreierlei Wege, klug zu handeln. Erstens: durch Nachdenken – das ist der edelste. Zweitens: durch Nachahmen – das ist der leichteste. Drittens: durch Erfahrung – das ist der bitterste. **Konfuzius**

Tagestipp

Suchen Sie jemanden, der das, was Sie wollen, bereits erreicht hat und finden Sie heraus, welche Schritte seines Weges auch für Sie nützlich sein könnten.

13. Januar

Es gibt schlechte Ergebnisse, aber keine schlechten Erfahrungen. **Hans Habe**

Tagestipp

Jede Erfahrung hält mindestens eine Lernchance bereit. Welche hilfreiche Erkenntnis ziehen Sie aus Ihren Erfahrungen?

14. Januar

Ob du glaubst, dass du es kannst oder nicht, du hast immer Recht. **Henry Ford**

Tagestipp

Probieren Sie heute etwas aus, von dem Sie noch nicht ganz sicher sind, ob Sie es schaffen können. Gehen Sie mit Engagement und Begeisterung an diese Aufgabe heran.

15. Januar

Wenn man es erreicht hat, scheint das Ziel plötzlich kein Ziel zu sein – nur eine Station.

Erfolgsweisheit

Tagestipp

Welche (Zwischen-) Station können Sie heute in Ihrem Leben erreichen? Streben Sie diese an und genießen Sie sie.

16. Januar

Das Schönste im Leben ist nicht die Erfüllung, sondern die Erwartung der Erfüllung.

Anna Magnani

Tagestipp

Erwarten Sie das Beste von diesem Tag und tun sie alles dafür, dass diese Erwartungen auch eintreffen.

17. Januar

Nur wer überhaupt nichts macht, macht keine Fehler.

Lech Walesa

Tagestipp

Ärgern Sie sich heute nicht über Fehler, sondern lernen Sie daraus.

18. Januar

Am liebsten erinnern sich die Menschen an die Personen, mit denen sie lachen konnten.

Anton Tschechow

Tagestipp

Rufen Sie heute die Person an, mit der Sie am meisten gelacht haben.

19. Januar

Nicht von Antwort zu Antwort wachsen wir, sondern von Frage zu Frage. **Konfuzius**

Tagestipp

Überprüfen Sie heute Ihre internen Fragen. Sind es Fragen, die Sie tiefer ins Problem oder zur Lösung führen? Finden Sie interne Fragen, die Ihnen nützen.

20. Januar

Ein Freund ist jemand, in dessen Gegenwart du laut denken kannst. **Walt Disney**

Tagestipp

Genießen Sie heute eine Stunde mit einem guten Freund.

21. Januar

Richtige Zeitplanung ist ein Rezept der Erfolgreichen; sinnvolle Zeitgestaltung eines der Weisen! **Hans A. Hey**

Tagestipp

Wie gestalten Sie sich Ihren heutigen Tag sinnvoll?

22. Januar

Wer die besten Früchte ernten will, muss auf den Baum steigen. Wem die verbeulten genügen, der wartet darauf, dass sie herunterfallen.

Deutsches Sprichwort

Tagestipp

Auf welche „Früchte" wollen Sie heute nicht warten, sondern gehen aktiv darauf zu?

23. Januar

Die wichtigste Stunde in unserem Leben ist immer der gegenwärtige Augenblick.

Leo Tolstoi

Tagestipp

Seien Sie heute gedanklich immer bei dem, was Sie gerade tun. Wenn Sie essen, dann genießen Sie das Essen; wenn Sie fahren, dann konzentrieren Sie sich aufs Fahren, usw.

24. Januar

Es gibt kein Geheimnis an sich. Es gibt nur Uneingeweihte aller Grade.

Christian Morgenstern

Tagestipp

Überlegen Sie, welches Wissen Sie heute weiterbringen kann.

25. Januar

Gib mir die Gelassenheit, Dinge hinzunehmen, die ich nicht ändern kann; gib mir den Mut, Dinge zu ändern, die ich ändern kann, und gib mir die Weisheit, das eine vom anderen zu unterscheiden. **Friedrich Christoph Oettinger**

Tagestipp

Überlegen Sie, für welche Dinge es sich lohnt, Kraft zu investieren.

26. Januar

Geld erwerben erfordert Klugheit; Geld bewahren erfordert eine gewisse Weisheit und Geld schön auszugeben ist eine Kunst.

Berthold Auerbach

Tagestipp

Belohnen Sie sich und Ihre Lieben heute mit etwas Besonderem.

27. Januar

Ich meine, dass die Gesundheit uns glücklich macht, aber das Umgekehrte tut auch seine Wirkung. Ich glaube, dass ein glücklicher Mensch weniger leicht erkrankt als ein unglücklicher. **Bertrand Russell**

Tagestipp

Was macht Sie im Moment glücklich und zufrieden? Wofür sind Sie dankbar?

28. Januar

Lebe begeistert und gewinne. **Frank Bettger**

Tagestipp

Wen können Sie heute mit Ihrer Begeisterung gewinnen?

29. Januar

Es gibt zwei Möglichkeiten, Karriere zu machen: entweder man leistet wirklich etwas, oder man behauptet, etwas zu leisten. Ich rate zur ersten Methode, denn hier ist die Konkurrenz bei weitem nicht so groß.

Danny Kaye

Tagestipp

Auf welchem Gebiet können Sie heute eine außergewöhnliche Leistung bringen?

30. Januar

Das Vertrauen eines Kunden zu gewinnen, dauert Jahre. Es zu verlieren, Sekunden.

Managerweisheit

Tagestipp

Halten Sie heute 100 % Ihrer Zusagen ein.

31. Januar

Wenn du jemanden ohne Lächeln siehst, so schenke ihm deines. **Jim Daniels**

Tagestipp

Just do it.

1. Februar

Erfolg ist die Fähigkeit, von einem Misserfolg zum anderen zu gehen, ohne seine Begeisterung zu verlieren. **Winston Churchill**

Tagestipp

Holen Sie sich Ihr übergeordnetes Ziel wieder einmal ins Bewusstsein, denn hinter den Schwierigkeiten finden Sie den Grund, warum Sie sich diesen Schwierigkeiten stellen sollten.

2. Februar

Das Leben ist zu kostbar, um es dem Schicksal zu überlassen. **W. Moers**

Tagestipp

Setzen Sie sich heute ein motivierendes Ziel.

3. Februar

Das größte Vergnügen im Leben besteht darin, das zu tun, von dem die Leute sagen, du könntest es nicht. **Walter Bagehot**

Tagestipp

Hören Sie nicht auf die Stimmen anderer. Eignen Sie sich zusätzliche Fähigkeiten an.

4. Februar

Lernen ist wie Rudern gegen den Strom. Sobald du aufhörst, treibst du zurück.

Chinesische Weisheit

Tagestipp

Was werden Sie heute lernen?

5. Februar

Liebe ist, voneinander gefesselt zu sein, ohne sich gegenseitig Ketten anzulegen.

Kristiane Allert-Wybranietz

Tagestipp

Welche Fesseln werden Sie heute bewusst lösen?

6. Februar

Wohl dem, der das Beste nicht verlor im Kampf des Lebens, den Humor.

Deutsches Sprichwort

Tagestipp

Was ist komisch an Ihrer Situation?

7. Februar

Sorge dich nicht, lebe. **Dale Carnegie**

Tagestipp

Verlagern Sie heute Ihre Sorgen auf ein Blatt Papier und fragen Sie sich dennoch jeden Tag: „Warum freue ich mich heute?"

8. Februar

Wenn wir Menschen nur nehmen, wie sie sind, machen wir sie schlechter. Wenn wir sie behandeln, als wären sie, was sie sein sollten, machen wir sie besser. **Johann Wolfgang von Goethe**

Tagestipp

Geben Sie heute aufrichtig Lob und Anerkennung.

9. Februar

Der einzige Weg, nie auf die Nase zu fallen, ist der, stets auf dem Boden zu kriechen.

Heinz Riesenhuber

Tagestipp

Verlassen Sie eingetretene Wege und wagen Sie heute etwas.

10. Februar

Wer aufhört, besser zu werden, hat aufgehört, gut zu sein. **Oliver Cromwell**

Tagestipp

Wo können Sie sich heute noch verbessern?

11. Februar

Mut ist das Übertreten der sich selbst gesteckten Grenzen. **Elisabeth Hable**

Tagestipp

Welche Grenzen in Ihrem Kopf werden Sie heute überschreiten?

12. Februar

Mitleid bekommt man geschenkt. Neid muss man sich verdienen. **Volksweisheit**

Tagestipp

Worauf sind Sie heute besonders stolz?

13. Februar

Der Optimist sieht in jedem Problem eine Aufgabe. Der Pessimist sieht in jeder Aufgabe ein Problem. **Managerweisheit**

Tagestipp

Gehen Sie optimistisch an Ihre Aufgaben heran und suchen Sie nach Lösungen.

14. Februar

Ein Mensch ohne Fantasie ist wie ein Vogel ohne Flügel. **Wilhelm Raabe**

Tagestipp

Seien Sie heute Visionär. Erleben Sie Ihren Tag aus der Vogelperspektive.

15. Februar

Probleme sind die Gelegenheiten, zu zeigen, was man kann. **Duke Ellington**

Tagestipp

Welcher Herausforderung stellen Sie sich heute?

16. Februar

Geld ist zum Ausgeben da, denn es macht wenig Sinn, später einmal der Reichste auf dem Friedhof zu sein. **Barbara Cartland**

Tagestipp

Investieren Sie Ihr Geld so, dass es Ihnen und anderen Nutzen bringt.

17. Februar

Schwierigkeiten sind nichts anderes als gute Chancen in Arbeitskleidung.

Henry J. Kaiser

Tagestipp

Welche Schwierigkeiten räumen Sie heute aus dem Weg?

18. Februar

Auf die Feststellung eines Reporters: „Da haben Sie aber Glück gehabt", antwortete Bernhard Langer: „Ja, das ist mir auch aufgefallen, je mehr ich übe, desto mehr Glück habe ich."

Wahrheit

Tagestipp

Was können Sie heute tun, um „Glück" zu haben.

19. Februar

Träume nicht dein Leben, lebe deine Träume.

Walt Disney

Tagestipp

Welche Träume haben Sie bisher aufgegeben? Worauf haben Sie deshalb verzichtet? Was könnten Sie heute tun, um diese Träume dennoch zu verwirklichen?

20. Februar

Die Grenzen des Möglichen lassen sich nur dadurch bestimmen, dass man sich ein wenig über sie hinaus ins Unmögliche wagt.

Arthur Clarke

Tagestipp

Verändern Sie heute etwas. Probieren Sie einmal andere Wege.

21. Februar

Das Geheimnis des außerordentlichen Menschen ist in den meisten Fällen nichts als Konsequenz. **Buddha**

Tagestipp

Bleiben Sie heute konsequent an Ihren Vorhaben.

22. Februar

Das Leben ist wie eine Rolle im Theater. Es kommt nicht darauf an, dass lange, sondern dass gut gespielt wird. **Seneca**

Tagestipp

In welcher Rolle sind Sie heute besonders gut?

23. Februar

Es gibt zwei Wege, um glücklich zu sein: Wir verändern unsere Wünsche oder vergrößern unsere Mittel. Wenn du weise bist, wirst du beides gleichzeitig tun. **Benjamin Franklin**

Tagestipp

Notieren Sie sich Ihre Wünsche und vergleichen Sie diese mit Ihren Mitteln.

24. Februar

Heute ist die gute alte Zeit von morgen.

Lebensweisheit

Tagestipp

Wie können Sie heute das Heute genießen und nicht erst morgen?

25. Februar

Glücklich ist der Mensch, der über sich selbst lachen kann. Er wird immer etwas haben, was ihn belustigt.

Habib Burghiba

Tagestipp

Über welche Situation in Ihrem Leben können Sie heute lachen?

26. Februar

Wunschloses Glück gibt es nicht. Das Glück liegt im Wünschen. **Erika Pluhar**

Tagestipp

Legen Sie sich eine Wunschliste an.

27. Februar

Reich wird man nicht durch das Geld, das man verdient, sondern durch das, was man nicht ausgibt. **Volksweisheit**

Tagestipp

Prüfen Sie heute Ihre laufenden Kosten auf Einsparmöglichkeiten. Legen Sie das eingesparte Geld sinnvoll an.

28. Februar

Das Leben ist bezaubernd, man muss es nur durch die richtige Brille sehen.

Alexandre Dumas

Tagestipp

Was ist das Schöne in meinem Leben?

29. Februar

Lachst am Morgen du in den Spiegel rein, wirst am Tag du glücklich sein.

Alfred Lange

Tagestipp

Probieren Sie es aus.

1. März

Die Entfernung zum Erfolg ist unwichtig. Nur der erste Schritt ist wichtig.

Marquise de Deffand

Tagestipp

Für welches Ziel machen Sie heute den ersten Schritt?

2. März

Erfolg bietet sich denen, die handeln, nicht denen, die nur wägen und nichts wagen.

Herodot

Tagestipp

Was wagen Sie heute für Ihren Erfolg?

3. März

Ihre Entstehung verdanken Meisterwerke dem Genie, ihre Vollendung dem Fleiß.

Joseph Jonbert

Tagestipp

Gehen Sie heute die„Extrameile".

4. März

Alter ist etwas, das keine Rolle spielt, es sei denn, man ist ein Käse. Jedes Alter hat seine schönen Seiten.

Schweizer Weisheit

Tagestipp

Genießen Sie die Vorzüge Ihres Alters.

5. März

Ein Mensch mit einer neuen Idee gilt so lange als verschroben, bis er damit Erfolg hat.

Mark Twain

Tagestipp

Legen Sie sich ein Ideenjournal an und schreiben Sie täglich Ihre Ideen auf. Wer weiß, wann die Zeit für diese Ideen reif ist?

6. März

Unsere Leidenschaften sind wahre Phönixe. Wie der alte verbrennt, steigt der neue sogleich wieder aus der Asche hervor.

Johann Wolfgang von Goethe

Tagestipp

Leben Sie heute Ihre Begeisterung.

7. März

Der wichtigste Moment in unserem Leben ist immer der gegenwärtige Augenblick; der bedeutsamste Mensch immer der, der mir gerade gegenübersteht. **Leo Tolstoi**

Tagestipp

Schenken Sie allen Menschen, denen Sie heute begegnen, Ihre volle Aufmerksamkeit.

8. März

Der Pessimist ist der einzige Mist, auf dem nichts wächst. **Heinz Conrads**

Tagestipp

Suchen Sie heute in allen Problemen die Chance.

9. März

Wenn ich meine Füße ruhen lasse, hört auch mein Kopf auf zu funktionieren.

J.G. Hamann

Tagestipp

Was tun Sie heute für Ihre Gesundheit?

10. März

Ärgere dich nicht darüber, dass der Rosenstrauch Dornen trägt, sondern freue dich darüber, dass der Dornenstrauch Rosen trägt.

Arabisches Sprichwort

Tagestipp

Verschenken Sie heute Freude in Form einer Rose.

11. März

Holzhacken ist deshalb so beliebt, weil man bei dieser Tätigkeit den Erfolg sofort sieht.

Albert Einstein

Tagestipp

Was ist Ihnen heute gut gelungen? Schreiben Sie mindestens 5 Erfolge auf.

12. März

Sobald jemand in einer Sache Meister geworden ist, sollte er in einer neuen Sache Schüler werden.

Gerhart Hauptmann

Tagestipp

Nehmen Sie eine neue Herausforderung an.

13. März

Man kann einen Menschen nichts lehren, man kann ihm nur helfen, es in sich selbst zu entdecken. **Galileo Galilei**

Tagestipp

Welches unentdeckte Talent schlummert in Ihnen?

14. März

Erfolg haben heißt, einmal mehr aufstehen als man hingefallen ist... **Winston Churchill**

Tagestipp

Von welchem Misserfolg haben Sie am meisten gelernt?

15. März

Wenn du lernst, aber nichts veränderst, hast du nichts gelernt. **Chinesische Weisheit**

Tagestipp

Welches Wissen werden Sie heute gezielt anwenden?

16. März

Gib täglich Freude von Herzen, das öffnet dir Tore zum Erfolg. **Erfolgsweisheit**

Tagestipp

Schenken Sie heute von Herzen Freude.

17. März

Geh' deinen Weg, und lass' die Leute reden.

Mario Schmied

Tagestipp

Hören Sie heute nur auf sich.

18. März

Die Dinge ändern sich nicht, nur wir ändern uns.

Henry David Thoreau

Tagestipp

Was können Sie heute an sich verändern?

19. März

Die Aufgabe, die sie mir übertragen wollen, ist so schwierig, dass ich nicht wage, sie abzulehnen.

Ernest Starling

Tagestipp

Nehmen Sie Herausforderungen an und wachsen Sie an Ihren Aufgaben.

20. März

Lachen braucht weniger Energie als ein ernstes Gesicht.

Anton Gunzingen

Tagestipp

Setzen Sie so wenig Energie wie möglich ein.

21. März

Wenn wir keine Fehler machen, heißt das, dass wir nicht genug neue Dinge ausprobieren.

Phil Knight, Nike

Tagestipp

Was probieren Sie heute Neues aus?

22. März

If you can dream it, you can do it.

Walt Disney

Tagestipp

Stellen Sie sich Ihre Wünsche und Ziele in Bildern vor.

23. März

Du trägst sehr leicht, wenn du nichts hast; aber Reichtum ist eine leichtere Last.

Johann Wolfgang von Goethe

Tagestipp

Was macht mich alles reich?

24. März

Versuche nicht, ein erfolgreicher Mensch zu werden, sondern ein wertvoller.

Albert Einstein

Tagestipp

Was sind Ihre wichtigsten Werte im Leben?

25. März

Die Kunst des Könnens liegt im Wollen.

Managerweisheit

Tagestipp

Welche Einstellung bringt Sie heute weiter?

26. März

Ein jeder Tag gibt mir die Chance, es besser zu machen.

Aus einem deutschen Schlager

Tagestipp

Was mache ich heute besser?

27. März

Die Tat unterscheidet das Ziel vom Traum.

Managerweisheit

Tagestipp

Es gibt nicht Gutes, außer man tut es.

28. März

You never have a second chance to make a first impression.

Andy Warhol

Tagestipp

Bei wem hinterlasse ich heute einen besonders guten Eindruck und wie?

29. März

Suche nicht nach dem Sinn des Lebens, gib ihm einen.

Kurt Tepperwein

Tagestipp

Welchen Sinn geben Sie Ihrem Leben?

30. März

Neue Gedanken sind neues Leben.

Prentice Mulfold

Tagestipp

Welcher neue Gedanke bereichert heute Ihr Leben?

31. März

Wenn wir das tun, was wir schon immer getan haben, dann werden wir auch das bekommen, was wir immer bekommen haben.

Helmut Seßler

Tagestipp

Was konkret werden Sie heute anders machen?

1. April

Wenn ein Mensch behauptet, mit Geld ließe sich alles erreichen, darf man sicher sein, dass er nie welches gehabt hat.

Aristoteles Onassis

Tagestipp

Verbringen Sie heute einen angenehmen Tag, ohne Geld auszugeben.

2. April

Sich selbst zu lieben ist der Anfang einer lebenslangen Romanze.

Oscar Wilde

Tagestipp

Was schätzen Sie an sich besonders? Legen Sie sich eine lange Liste an.

3. April

Es gibt immer die Chance etwas zu ändern, entweder die Situation oder unsere Einstellung zur Situation. Leave it, love it or change it.

Ardeschyr Hagmaier

Tagestipp

Entscheiden Sie sich.

4. April

Wenn ich weiß, was ich will, weiß ich auch, was ich brauche, um es zu bekommen.

Managerweisheit

Tagestipp

Fragen Sie sich heute, was Sie wirklich wollen.

5. April

Man muss das Unmögliche versuchen, um das Mögliche zu erreichen.

Hermann Hesse

Tagestipp

Was würden Sie heute alles versuchen, wenn Sie garantiert nicht scheitern könnten? Machen Sie sich eine Liste der Aktivitäten.

6. April

Die Erinnerung ist das einzige Paradies, aus dem wir nicht vertrieben werden können.

Jean Paul

Tagestipp

Holen Sie heute schöne alte Erinnerungen hervor und legen Sie sich ein „Erinnerungsalbum" an.

7. April

Auf dem Weg zum Erfolg zu fallen, ist keine Schande, liegen zu bleiben schon.

Erfolgsweisheit

Tagestipp

Ändern Sie nicht Ihre Ziele, sondern ändern Sie ab heute Ihre Wege zum Ziel.

8. April

Menschen kann man nicht auf Dauer mit Angst motivieren, sondern mit Zielen und persönlicher Anerkennung.

Managerweisheit

Tagestipp

Erkennen Sie die Ziele anderer an und fördern Sie diese.

9. April

Lächle in die Welt und die Welt lächelt dir zurück.

Chinesische Weisheit

Tagestipp

Bringen Sie heute einen fremden Menschen zum Lächeln.

10. April

Es geht nicht darum, was uns hindert, sondern um das, was uns voranbringt.

Erfolgsweisheit

Tagestipp

Konzentrieren Sie sich auf die Möglichkeiten.

11. April

Wenn ich so viele Dinge erreicht habe, so liegt es daran, dass ich immer nur eine Sache zur gleichen Zeit wollte.

William Pitt

Tagestipp

Setzen Sie heute bewusst Prioritäten und handeln Sie danach.

12. April

In dem Augenblick, in dem du von etwas überzeugt bist, von diesem Augenblick an wird dein Traum Wirklichkeit werden.

P. Collier

Tagestipp

Alles, was man wirklich will, kann man auch erreichen. Was wollen Sie wirklich?

13. April

Wenn das Leben ein Theater ist, suche dir deine Rolle aus. **Lebensweisheit**

Tagestipp

Welche Rolle leben Sie heute bewusst aus?

14. April

Nur wer sein Ziel kennt, der findet auch seinen Weg.

Lebensweisheit

Tagestipp

Bringen Sie heute alle Ihre Ziele zu Papier.

15. April

Die größte Gefahr im Leben ist, dass man oft zu vorsichtig ist.

Alfred Adler

Tagestipp

Wo sind Sie zu vorsichtig?

16. April

Der einzige Beweis für deine Fähigkeiten sind sichtbare Ergebnisse.

Erfolgsweisheit

Tagestipp

Führen Sie ab heute ein Erfolgsjournal und schreiben Sie täglich 3 Erfolge auf.

17. April

Wer einmal sich selbst gefunden hat, der kann nichts auf dieser Welt mehr verlieren.

Stefan Zweig

Tagestipp

Entdecken Sie sich heute neu und fragen Sie sich: „Was gefällt mir alles an mir?"

18. April

Wenn du ein Schiff bauen willst, dann rufe nicht die Menschen zusammen, um Holz zu sammeln, Aufgaben zu verteilen und die Arbeit einzuteilen, sondern lehre sie die Sehnsucht nach dem großen weiten Meer.

Antoine de Saint-Exupéry

Tagestipp

Welche Sehnsucht bringt Ihnen Energie für den heutigen Tag?

19. April

Denn die Zukunft kann man am besten voraussagen, wenn man sie selbst gestaltet.

Alan Kay

Tagestipp

Was tun Sie heute für Ihre Zukunft?

20. April

Durch meine Niederlagen habe ich mehr gelernt als durch all meine Siege.

Otto von Bismarck

Tagestipp

Machen Sie sich bewusst, was Sie aus Ihren Niederlagen gelernt haben.

21. April

Die Zeit ist reif, die Wünsche und Visionen, die in uns leben, nach außen zu bringen, sie zu kristallisieren. Es ist Zeit zu beginnen.

Aus „Die Möwe Jonathan"

Tagestipp

Welcher Wunsch ist es wert, heute mit der Umsetzung zu beginnen?

22. April

Tu, was du kannst, mit dem, was du hast, wo immer du bist. **Theodore Roosevelt**

Tagestipp

Zögern Sie nicht, handeln Sie heute.

23. April

Auch aus Steinen, die dir in den Weg gelegt werden, kannst du etwas Schönes bauen.

Erich Kästner

Tagestipp

Welches Hindernis könnte Ihre größte Chance sein?

24. April

Erfolg ist die Gewohnheit, sich in die richtige Richtung zu bewegen, bis man sein Ziel erreicht hat.

Michael Klose

Tagestipp

Überprüfen Sie Ihre Gewohnheiten.

25. April

Ein jeder Mensch will etwas sein, doch keiner will etwas werden.

Johann Wolfgang von Goethe

Tagestipp

Woran kann ich heute wachsen?

26. April

Um wirklich glücklich zu sein, brauchen wir nur etwas, wofür wir uns begeistern können.

Charles Kingsley

Tagestipp

Was macht Sie heute glücklich?

27. April

Man sieht nur mit dem Herzen gut. Das Wesentliche ist für die Augen unsichtbar.

Antoine de Saint-Exupéry

Tagestipp

Öffnen Sie heute Ihr Herz für andere.

28. April

Nicht das Beginnen wird belohnt, sondern einzig und allein das Durchhalten.

Katharina von Siena

Tagestipp

Wie können Sie Spaß beim Durchhalten entwickeln?

29. April

Niemals wird dir ein Wunsch gegeben ohne die Kraft, diesen zu verwirklichen.

Richard Bach

Tagestipp

Was können Sie heute für Ihr Energiepotenzial tun?

30. April

Halte dir jeden Tag dreißig Minuten für deine Sorgen frei und in dieser Zeit mache ein Nickerchen.

Abraham Lincoln

Tagestipp

Ein Großteil unserer Sorgen ist unnötig und raubt uns Energie. Welche Ihrer Sorgen könnten dazugehören?

1. Mai

Jeder Tag ist ein Glas Champagner wert.

Mövenpick

Tagestipp

Fragen Sie sich: Was macht den Tag wertvoll? Warum freue ich mich heute?

2. Mai

Fange jetzt an zu leben und zähle jeden Tag als ein Leben für sich. **Seneca**

Tagestipp

Carpe diem – nutze den Tag.

3. Mai

Es ist der Geist, der gut oder böse macht, der traurig oder glücklich, reich oder arm macht.

Edmund Spenser

Tagestipp

Konzentrieren Sie sich heute auf das, was Sie wollen.

4. Mai

Das Komische am Leben ist: Wenn man darauf besteht, nur das Beste zu bekommen, dann bekommt man es häufig auch.

W. Somerset Maugham

Tagestipp

Worauf bestehen Sie heute?

5. Mai

Wenn Sie einen anderen Menschen für Ihre Sache gewinnen wollen, müssen Sie ihn zuerst davon überzeugen, dass Sie sein aufrichtiger Freund sind. **Abraham Lincoln**

Tagestipp

Wen möchten Sie zum Freund gewinnen?

6. Mai

Im richtigen Ton kann man alles sagen. Im falschen Ton nichts: Das einzig Heikle daran ist, den richtigen Ton zu finden.

George Bernard Shaw

Tagestipp

Achten Sie auf Ihren Ton, besonders bei den Menschen, die Ihnen am Herzen liegen.

7. Mai

Es gibt nur einen Erfolg – nach seinen eigenen Vorstellungen leben zu können.

Christopher Morley

Tagestipp

Was sind Ihre konkreten Vorstellungen vom Leben?

8. Mai

Das große Ziel des Lebens ist nicht Wissen, sondern Handeln.

Thomas Henry Huxley

Tagestipp

Welches Wissen wenden Sie heute gezielt an?

9. Mai

Sie können es, weil Sie glauben, dass Sie es können.

Vergil

Tagestipp

Erstellen Sie sich heute eine Liste Ihrer Fähigkeiten.

10. Mai

Es sind nicht die Umstände, die den Menschen schaffen. Der Mensch ist es, der die Umstände schafft. **Benjamin Disraeli**

Tagestipp

Wie reagieren Sie? Was machen Sie aus den Situationen, die Ihnen das Leben bietet?

11. Mai

Alle Dinge sind schwer, bevor sie leicht werden. **Persisches Sprichwort**

Tagestipp

Üben, üben, üben – denn Übung macht den Meister.

12. Mai

Sage nicht, wenn ich Zeit dazu habe, vielleicht hast du nie Zeit dazu. Wenn nicht jetzt – wann dann ?

Talmud

Tagestipp

Was kann ich jetzt tun, um mein Leben zu bereichern?

13. Mai

Der Mensch ist das, woran er glaubt.

Anton Tschechow

Tagestipp

Welche positiven Überzeugungen haben Sie von sich?

14. Mai

Erfahrung ist das einzige Wissen, das man nicht erlernen, sondern nur erleben kann.

Helmut Seßler

Tagestipp

Was haben Sie aus Ihren Erfahrungen gelernt?

15. Mai

Erfolg ist einzig und allein eine Frage der richtigen Strategie.

Wolfgang Mewes

Tagestipp

Notieren Sie eine Strategie für eines Ihrer Ziele.

16. Mai

Die Probleme, denen wir begegnen, können nicht auf der gleichen Denkebene gelöst werden, auf der sie entstanden sind.

Albert Einstein

Tagestipp

Schauen Sie über den Tellerrand hinaus. Think big.

17. Mai

Ich kann einen anderen erst richtig verstehen, wenn ich einige Meilen in seinen Mokassins gelaufen bin.

Indianische Weisheit

Tagestipp

Versetzen Sie sich in die Lage Ihres Gegenübers.

18. Mai

Wer viel über andere weiß, ist vielleicht gebildet, aber wer sich selbst kennt, ist klug. Wer andere beherrscht, ist vielleicht mächtig, aber wer sich selbst beherrscht, ist noch viel mächtiger.

Laotse

Tagestipp

Lassen Sie sich heute nicht von äußeren Einflüssen negativ beeinflussen.

19. Mai

Vision ist die stärkste Motivation jeder menschlichen Handlung.

Victor Fankl

Tagestipp

Geben Sie diesem Tag einen besondern Sinn.

20. Mai

Der Mensch ist gerade so glücklich, wie er es nach seinem eigenen Entschluss sein will.

Abraham Lincoln

Tagestipp

Jeder Mensch kann morgens entscheiden, ob er einen guten oder schlechten Tag hat. Die meisten Menschen entscheiden sich täglich für einen schlechten Tag. Für was entscheiden Sie sich?

21. Mai

Etwas anderes zu tun, beginnt mit einem anderen Gedanken.

Erfolgsweisheit

Tagestipp

Was auch immer heute auf Sie zukommt, fragen Sie sich innerlich „Wie könnte es funktionieren?"

22. Mai

Es genügt nicht, zum Meer zu kommen, um Fische zu fangen. Man muss auch das Netz mitbringen.

Chinesische Weisheit

Tagestipp

Welche Mittel setzen Sie heute ein, um Ihr Tagesziel zu erreichen?

23. Mai

Die Menschen sind nicht faul. Sie haben bloß keine Ziele, die es zu verfolgen lohnt.

Anthony Robbins

Tagestipp

Welches Ziel spornt Sie heute an?

24. Mai

Du denkst – nur weil du eins verstehst – musst du auch zwei verstehen, weil eins und eins zwei macht. Aber du musst auch UND verstehen.

Sufi-Lehre

Tagestipp

Achten Sie heute nicht auf die Worte, die man zu Ihnen sagt, sondern achten Sie auf die Botschaft, die darin steckt.

25. Mai

Planen heißt, die Zukunft in die Gegenwart bringen, damit man jetzt noch etwas an ihr ändern kann. **Alan Lakein**

Tagestipp

Was planen Sie heute für morgen?

26. Mai

Wer alleine arbeitet, addiert, wer zusammenarbeitet, multipliziert.

Orientalische Weisheit

Tagestipp

Mit wem können Sie die Zusammenarbeit fördern?

27. Mai

Die größten Ergebnisse, das sind nicht unsere lautesten, sondern unsere stillsten Stunden.

Friedrich Nietzsche

Tagestipp

Nehmen Sie sich heute Zeit für sich.

28. Mai

Die richtigen Fragen sind der Schlüssel zum Erfolg. Besonders die Fragen, die ich mir selbst stelle.

Helmut Seßler

Tagestipp

Fragen Sie sich: Was bringt mich heute weiter?

29. Mai

Wenn wir alles täten, wozu wir imstande sind, würden wir uns wahrlich in Erstaunen versetzen.

Thomas A. Edison

Tagestipp

Womit könnten Sie sich selbst in Erstaunen versetzen?

30. Mai

Unsere Phantasie macht es uns möglich, die Realität wahrzunehmen, wenn sie noch nicht voll entwickelt ist. **Mary Caroline Richards**

Tagestipp

Malen Sie sich heute Ihre Ziele vor Ihrem geistigen Auge aus.

31. Mai

Willst du glücklich sein im Leben, trage bei zu anderer Glück, denn die Freude, die wir geben, kehrt ins eigne Herz zurück.

Johann Wolfgang von Goethe

Tagestipp

Welchen drei Menschen kann ich heute selbstlos eine Freude bereiten?

1. Juni

Die goldene Regel ist, dass es keine goldenen Regeln gibt.

George Bernard Shaw

Tagestipp

Wo werden Sie heute einen ungewöhnlichen Weg gehen und die „goldenen Regeln" verändern?

2. Juni

Ein Recht auf Glück gibt es nicht; man muss schon etwas dafür tun.

Chinesische Weisheit

Tagestipp

Machen Sie den heutigen Tag zu Ihrem Freudentag.

3. Juni

Setze deinen Kurs nach weit entfernten Sternen und nicht nach den Lampen anderer Schiffe.

Knut Utsein Kloster

Tagestipp

Richten Sie Ihre Wünsche nicht nach den Anforderungen anderer, sondern richten Sie sie nach Ihren eigenen Vorstellungen aus. Überprüfen und korrigieren Sie „Kursabweichungen".

4. Juni

Nur wer die Herzen bewegt, bewegt die Welt.

Ernst Wiechert

Tagestipp

Entfachen Sie in anderen positive Emotionen.

5. Juni

Jene, die sagen, dass es nicht möglich sei, sollten nicht diejenigen stören, die es möglich machen. **Erfolgsweisheit**

Tagestipp

Lassen Sie sich heute nicht von Ihrem Weg abbringen.

6. Juni

Wer im Frühling nicht sät, wird im Herbst nicht ernten. **Alte Bauernweisheit**

Tagestipp

Was tun Sie heute für eine reichhaltige Ernte?

7. Juni

Tu erst das Notwendige, dann das Mögliche, und plötzlich schaffst du das Unmögliche.

Franz von Assisi

Tagestipp

Konzentrieren Sie sich heute auf das Mögliche.

8. Juni

Ein Mensch ist erfolgreich, wenn er zwischen Aufstehen und Schlafengehen das tut, was ihm gefällt.

Bob Dylan

Tagestipp

Tun Sie heute einmal nur das, was Ihnen gefällt.

9. Juni

Wer glaubt, etwas zu sein, hat aufgehört, etwas zu werden. **Philip Rosenthal**

Tagestipp

Was möchte ich noch werden?

10. Juni

Nur wer sich selbst das Letzte an Leistung abverlangt, wird über den Durchschnitt hinauskommen. **Boris Becker**

Tagestipp

Bringen Sie heute bei allem, was Sie tun, absolute Spitzenleistung.

11. Juni

Bereit sein ist viel, warten zu können ist mehr, doch erst den rechten Augenblick nützen ist alles.

Arthur Schnitzler

Tagestipp

Seien Sie wachsam. Erkennen Sie die Gelegenheiten.

12. Juni

Glück ist meistens ein Sammelbegriff für Tüchtigkeit, Klugheit, Fleiß und Beharrlichkeit.

Charles F. Kettering

Tagestipp

Womit können Sie heute Ihr Glück schmieden?

13. Juni

Gib jedem Tag die Chance, der schönste in Deinem Leben zu sein. **Indische Weisheit**

Tagestipp

Bringen Sie sich täglich in freudige Erwartungshaltung.

14. Juni

Reagiere klug, selbst wenn man dich unklug behandelt. **Laotse**

Tagestipp

Seien Sie heute gelassen und tolerieren Sie andere Meinungen, Sie müssen Sie ja nicht teilen.

15. Juni

Ich habe niemals an Erfolg geglaubt. Ich habe dafür gearbeitet.

Estée Lauder

Tagestipp

Arbeiten Sie an Ihren EPA's = Erfolg produzierende Aktivitäten.

16. Juni

Man sieht nur dort etwas, wo man hinschaut, und man findet nur dort etwas, wo man sucht.

Karlfried Graf Dürckheim

Tagestipp

Worauf richten Sie heute Ihren Fokus?

17. Juni

Man sollte Ehrgeiz besitzen, ohne von ihm besessen zu sein. **John Huston**

Tagestipp

Wofür lohnt es sich, einen gesunden Ehrgeiz zu entwickeln?

18. Juni

Auf den Erfolg hinzuarbeiten ist viel leichter als Misserfolg zu ertragen.

Marion Kling

Tagestipp

Werden Sie aktiv, wenn sich Ihnen Schwierigkeiten in den Weg stellen. Getreu dem Motto: Jetzt erst recht.

19. Juni

Zu einem großen Sprung gehört ein großer Anlauf.
Chinesische Weisheit

Tagestipp

Überprüfen Sie, ob Ihre Vorbereitungen für Ihre Ziele ausreichen.

20. Juni

Nichts ist so erfolgreich wie der eigene Erfolg!
Vera F. Birkenbihl

Tagestipp

Halten Sie heute inne und freuen Sie sich über das, was Sie bereits erreicht haben.

21. Juni

Wir sind nicht nur verantwortlich für das, was wir TUN, sondern auch für das, was wir NICHT TUN.

Managerweisheit

Tagestipp

Was haben Sie bisher unterlassen? Denn keine Entscheidung ist auch eine Entscheidung.

22. Juni

Die Quintessenz des Glücklichseins: nicht von etwas, sondern für etwas zu leben.

Indische Weisheit

Tagestipp

Für was leben Sie?

23. Juni

Wenn du Erfolg haben willst, konzentriere dich auf deine Stärken.

Ardeschyr Hagmaier

Tagestipp

Was können Sie besonders gut?

24. Juni

Es ist nicht das, was passiert, es ist immer das, was wir daraus machen.

Erfolgsweisheit

Tagestipp

Was machen Sie aus einer schwierigen Situation?

25. Juni

Wer immer das Gleiche tut, wird auch immer das Gleiche bekommen.

Thomas Alva Edison

Tagestipp

Welche anderen Ergebnisse möchten Sie?

26. Juni

Die Vergangenheit bestimmt nicht die Zukunft.

Orientalische Weisheit

Tagestipp

Alles, was vor dieser Sekunde war, ist bereits unwiederbringliche Vergangenheit. Sie haben jedoch jeden Tag die Möglichkeit, sich für eine neue Zukunft zu entscheiden.

27. Juni

Ein Weg entsteht dadurch, dass man ihn geht.

Orientalische Weisheit

Tagestipp

Lieber unvollkommen begonnen als perfekt gezögert. Auch wenn Sie den Weg noch nicht genau kennen, machen Sie den ersten Schritt.

28. Juni

Allen Menschen recht getan, ist eine Kunst, die keiner kann. Man kann nicht alles können - aber alles versuchen. **Indische Weisheit**

Tagestipp

Geben Sie Ihr Bestes.

29. Juni

Eine helfende Hand findest du am Ende deines Armes. **Bauernweisheit**

Tagestipp

Packen Sie es an.

30. Juni

Fehler sind eine intelligente Möglichkeit, besser zu werden. **Managerweisheit**

Tagestipp

Akzeptieren Sie heute alle Fehler und nutzen Sie sie als Lernchance.

1. Juli

Das Geheimnis des Erfolgs? Anders sein als die anderen.

Woody Allen

Tagestipp

Wodurch unterschieden Sie sich von Ihren Mitbewerbern? Was macht Sie einmalig?

2. Juli

Glücklich sind die, die Träume haben und bereit sind, den Preis dafür zu bezahlen.

Walt Disney

Tagestipp

Welchen Preis sind Sie bereit für Ihre Träume zu zahlen und welchen nicht?

3. Juli

Man weiß nie, wozu man fähig ist, bis man es probiert. **Hubert Schwarz**

Tagestipp

Probieren Sie heute einmal etwas Neues aus.

4. Juli

Wandere der Sonne entgegen und du lässt den Schatten hinter dir.

Lebensweisheit

Tagestipp

Bauen Sie Ihre persönlichen Talente aus.

5. Juli

Unser Körper ist nicht nur der Spiegel unserer Stimmung. Er ist auch der Schlüssel dazu.

Erfolgsweisheit

Tagestipp

Was tun Sie heute für Ihre Vitalität?

6. Juli

Wer einen Stein ins Wasser wirft, verändert das Meer.

Paul Mommertz

Tagestipp

Bringen Sie heute den richtigen Stein ins Rollen.

7. Juli

Alles Misslingen hat seine Gründe. Alles Gelingen hat sein Geheimnis !

Managerweisheit

Tagestipp

Welche Ihrer Fähigkeiten waren verantwortlich für Ihre Erfolge?

8. Juli

Man muss alles sehen, vieles übersehen und einiges ein wenig korrigieren.

Lebensweisheit

Tagestipp

Welche Schwächen anderer werden Sie heute übersehen?

9. Juli

Jeder hat seine individuellen Talente und Stärken, aber oft kein Vertrauen in sich.

Lee Iacocca

Tagestipp

Was gibt mir heute Selbstvertrauen?

10. Juli

Jedenfalls ist es besser, ein eckiges Etwas zu sein als ein rundes Nichts.

Friedrich Hebbel

Tagestipp

Erlauben Sie sich einmal, unbequem zu sein.

11. Juli

In dir muss brennen, was du in anderen entzünden willst. **Augustinus**

Tagestipp

Begeistern Sie sich heute für diesen Tag.

12. Juli

Große Ziele, große Ideen - kleine Ziele, kleine Ideen. **Managerweisheit**

Tagestipp

Die meisten Menschen überschätzen, was sie in einem Jahr erreichen, und unterschätzen, was sie in 10 Jahren erreichen können. Wo waren Sie vor 10 Jahren? Und wo möchten Sie in 10 Jahren sein?

13. Juli

Wenn man viel hineinzustecken hat, hat ein Tag hundert Taschen.

Friedrich Nietzsche

Tagestipp

Erfreuen Sie sich heute an den vielen Kleinigkeiten des Tages.

14. Juli

Die Zeit ist schlecht ? Wohlan. Du bist da, sie besser zu machen.

Thomas Carlyle

Tagestipp

Was können Sie heute dafür tun?

15. Juli

Wer ein Problem sichtbar besser löst als andere, der kann seinen Erfolg nicht verhindern.

Arnold Weissmann

Tagestipp

Für welches Problem haben Sie die optimale Lösung?

16. Juli

Verplane nicht die Zeit, sondern plane das ganze Leben, es gilt nicht Minuten zu gewinnen, während wir Jahre verlieren.

Erfolgsregeln

Tagestipp

Was soll in 10 Jahren auf keinen Fall mehr sein? Und was können Sie heute schon dafür tun?

17. Juli

Der erfolgreiche Mensch sitzt im Zug des Lebens und steht nicht zeit seines Lebens nur an der Haltestelle.

Vera F. Birkenbihl

Tagestipp

Setzen Sie einen Ihrer guten Vorsätze in die Tat um.

18. Juli

Lieber ein Tag als Löwe als hundert Tage als Schaf.

Bruno Bruni

Tagestipp

Zeigen Sie heute Stärke.

19. Juli

Erfolg hat nur, wer etwas tut, während er auf den Erfolg wartet.

Thomas Alva Edison

Tagestipp

Wofür werden Sie sich heute aktivieren?

20. Juli

Wichtiger als der richtige Weg ist die richtige Richtung.

Stefan Persson (GF Hennes & Mauritz)

Tagestipp

Überprüfen Sie, ob Sie die richtigen Aufgaben machen und nicht nur, ob Sie die Aufgaben richtig machen.

21. Juli

Streng dich an. Versuche, so viel Ausbildung wie möglich zu bekommen, und dann, um Himmels willen, tu etwas!

Lee Iacocca

Tagestipp

Wie schnell ist nichts passiert. Beginnen Sie sofort.

22. Juli

Unsere größte Schwäche liegt im Aufgeben. Der sicherste Weg zum Erfolg ist immer, es doch noch einmal zu versuchen.

Thomas Alva Edison

Tagestipp

Thomas Alva Edison benötigte ca. 10.000 Versuche bis er die Glühbirne erfand. Geben Sie nie, nie, nie, nie auf.

23. Juli

Entweder man geht mit der Z e i t oder man g e h t mit der Zeit. **Managerweisheit**

Tagestipp

Stehen Sie Neuerungen offen gegenüber.

24. Juli

Wenn wir uns die Vergangenheit vor Augen rufen, stellen wir für gewöhnlich fest, dass es die einfachen Dinge waren und nicht die großen Anlässe, die uns das große Glück bescherten.

Bob Hope

Tagestipp

Welche einfachen Dinge können Ihnen heute Glück bescheren?

25. Juli

Wer überall sein will, ist nirgendwo zu Hause.

Seneca

Tagestipp

Wo fühlen Sie sich zu Hause? Wo wollen Sie sein?

26. Juli

Ohne Begeisterung ist noch nie etwas Großes geschaffen worden.

Ralph Waldo Emerson

Tagestipp

Gehen Sie mit Schwung an eine Ihrer wichtigsten Aufgaben.

27. Juli

Wer im Leben erfolgreich sein möchte, sollte nicht versuchen, nur mit seinem Wissen zu überzeugen, sondern viel mehr mit seinem Können und Wollen. **Ardeschyr Hagmaier**

Tagestipp

Wen werde ich heute überzeugen?

28. Juli

Disziplin gibt dir die Sicherheit, dass das, was du tust, gut für dich ist.

Bill Sacks

Tagestipp

Erledigen Sie heute eine wichtige Aufgabe, die Sie schon lange erledigen wollten, zu der Sie jedoch bisher nie die Zeit fanden.

29. Juli

Lernen Sie zuerst, mit Ihren Fehlern zu leben, und dann, sie zu vermeiden.

Kerstin Friedrich

Tagestipp

Jeder Mensch hat Schwächen. Akzeptieren Sie Ihre.

30. Juli

Ein Problem zu lösen heißt, sich vom Problem zu lösen.

Walter Simon

Tagestipp

Geht nicht gibt's nicht. Schaffen Sie heute ein Problem aus der Welt.

31. Juli

Es gibt nur zwei Sünden: zu wünschen, ohne zu handeln und zu handeln ohne Ziel.

Ayu Rand

Tagestipp

Was soll Ihnen der heutige Tag bringen?

1. August

Nicht die Dinge selbst beunruhigen die Menschen, sondern die Vorstellung von den Dingen.

Erfolgsweisheit

Tagestipp

Nichts wird so heiß gegessen, wie es gekocht wird. Suchen Sie nach den Chancen in der Situation.

2. August

Denn das Gestern ist nichts als ein Traum und das Morgen nur eine Vision. Das Heute jedoch – recht gelebt – macht jedes Gestern zu einem Traum voller Glück und das Morgen zu einer Vision voller Hoffnung. Darum achte gut auf diesen Tag. **Aus dem Sanskrit**

Tagestipp

Darum achten Sie gut auf diesen Tag.

3. August

Nicht weil es schwer ist, wagen wir es nicht, sondern weil wir es nicht wagen, ist es schwer.

Seneca

Tagestipp

Der Unterschied liegt in der Aktivität. Packen Sie es an.

4. August

Zum Erfolg gibt es keinen Lift. Man muss die Treppe benutzen. **Emil Oesch**

Tagestipp

Setzen Sie sich Zwischenziele und belohnen Sie sich für die Erreichung der Zwischenstepps.

5. August

Die Perle kann ohne Reibung nicht glänzend, der Mensch ohne Anstrengung nicht vervollkommnet werden. **Konfuzius**

Tagestipp

Tun Sie heute mehr als man von Ihnen erwartet.

6. August

Hinter jeder Spitzenleistung steckt eine Sehnsucht. **Erfolgsweisheit**

Tagestipp

Wonach sehnen Sie sich?

7. August

Was hinter uns liegt und was vor uns liegt, sind Winzigkeiten im Vergleich zu dem, was in uns liegt. **Oliver Wendell Holmes**

Tagestipp

Machen Sie sich Ihre Einmaligkeit bewusst.

8. August

Wir sind das, was wir wiederholt tun. Vorzüglichkeit ist daher keine Handlung, sondern eine Gewohnheit.

Aristoteles

Tagestipp

Welche Erfolgsgewohnheit eignen Sie sich an?

9. August

Wer nicht weiß, wo er hin will, wird sich wundern, dass er ganz woanders ankommt.

Mark Twain

Tagestipp

Überprüfen Sie Ihre Richtung. Manchmal lohnt es sich auch, ganz woanders anzukommen.

10. August

Der Langsamste, der sein Ziel nicht aus den Augen verliert, geht immer noch geschwinder als der, der ohne Ziel umherirrt.

Lessing

Tagestipp

Nehmen Sie sich Zeit für die richtigen Ziele.

11. August

Ein Mensch wird geboren, um zu leben, und nicht, um sich auf das Leben vorzubereiten.

Boris Pasternak

Tagestipp

Machen Sie sich heute einen erlebnisreichen Tag.

12. August

Sei anschmiegsam wie ein Mädchen und schnell wie der Teufel.

Bruce Lee

Tagestipp

Bleiben Sie heute flexibel.

13. August

Unzufriedenheit ist der erste Schritt zum Erfolg.

Oscar Wilde

Tagestipp

In welcher Lebenslage sind Sie unzufrieden? Wie können Sie dies verändern?

14. August

Je weniger du dich anstrengst, desto schneller und kraftvoller wirst du sein.

Jim Lau

Tagestipp

Gehen Sie heute mit Leichtigkeit an Ihre Aufgaben heran.

15. August

Ein Mann mit einer Überzeugung ist stärker als 99 Leute mit Interessen.

John Stuart Mill

Tagestipp

Verstärken Sie Ihre positiven Überzeugungen.

16. August

Die Kraft des Geistes ist grenzenlos, die Kraft der Muskeln ist begrenzt.

Koichi Tohei

Tagestipp

Welche Vorstellung gibt Ihnen heute Energie?

17. August

Wenn du etwas tust und es funktioniert nicht in deinem Sinne, dann tue doch etwas anderes.

Richard Bandler

Tagestipp

Was funktioniert nicht? Was könnten Sie stattdessen tun?

18. August

Erfolgreich ist der Mensch, der bei 100 Entscheidungen 51- mal die richtige trifft.

John Pierpont Morgan

Tagestipp

Scheuen Sie sich nicht, Entscheidungen zu treffen.

19. August

Es ist großartig, ein bedeutender Mensch zu sein, aber es ist großartiger, ein menschlicher Mensch zu sein.

William Rogers

Tagestipp

Wodurch zeigen Sie heute Ihre Menschlichkeit?

20. August

Versagen darfst du, aber nie aufgeben.

Mary Crowley

Tagestipp

Bei welcher Aufgabe lohnt es sich für Sie, durchzuhalten?

21. August

Wir werden von dem geformt und gebildet, was wir lieben.

Johann Wolfgang von Goethe

Tagestipp

Womit werden Sie sich heute konkret beschäftigen?

22. August

Erfolgsregel: Ich jage nie zwei Hasen auf einmal.

Otto von Bismarck

Tagestipp

Konzentrieren Sie sich auf eine wichtige Aufgabe.

23. August

Am besten nützen wir uns selbst, wenn wir anderen Gutes tun; die richtige Art zu sammeln, ist auszuteilen.

Seneca

Tagestipp

Wem lassen Sie heute etwas Gutes zuteil werden?

24. August

Das Beste am Geben ist immer, dass das, was wir bekommen, besser ist, als was wir geben. Die Reaktion ist größer als die Aktion.

Orison Swett Marden

Tagestipp

Helfen Sie heute erneut selbstlos einem Menschen.

25. August

Man muss seine Wünsche nicht aufgeben. Sie stimulieren Kreativität, Liebe und langes Leben.

A. Bogomoletz

Tagestipp

Freuen Sie sich über Ihre Wünsche.

26. August

Der beste Weg, sehr alt zu werden, ist, immer das Gefühl aufrechterhalten, gebraucht zu werden.

Aus einer Studie von Menschen, die über 100 Jahre alt sind.

Tagestipp

Wo werden Sie überall gebraucht?

27. August

Freundlichkeit in Worten schafft Vertrauen. Freundlichkeit im Denken schafft Tiefe. Freundlichkeit im Geben schafft Liebe.

Laotse

Tagestipp

Wie können Sie heute Ihre Freundlichkeit ausdrücken?

28. August

Erst verstehen, dann verstanden werden.

Marion Kling

Tagestipp

Bringen Sie heute immer erst dann Ihre Argumente, wenn Sie die Argumente anderer vollständig verstanden haben.

29. August

Wenn du keine Komplimente bekommst, musst du dir selbst welche machen.

Mark Twain

Tagestipp

Machen Sie sich jeden Tag selbst ein Kompliment.

30. August

Glück ist nicht eine Station, bei der man ankommt, sondern eine Art zu reisen.

Margaret Lee Runbeck

Tagestipp

Was verschafft Ihnen heute eine „glückliche Reise"?

31. August

Das Geheimnis des Erfolgs ist, den Standpunkt des anderen zu verstehen.

Henry Ford

Tagestipp

Hören Sie heute anderen aufmerksam zu.

1. September

Erkenntnis ist die Fähigkeit, zwischen Gleichem das Einmalige zu entdecken.

Helmut Seßler

Tagestipp

Suchen nach dem kleinen – aber feinen – Unterschied.

2. September

Unser Kopf ist rund, damit das Denken die Richtung wechseln kann.

Francis Picabia

Tagestipp

Wo sind Sie „festgefahren"? Welchem Gedanken könnten Sie heute eine neue Richtung geben?

3. September

Wenn alles gegen dich zu sein scheint, erinnere dich, dass das Flugzeug gegen den Wind abhebt, nicht mit dem Wind.

Henry Ford

Tagestipp

Welcher Gegenwind verleiht mir heute Kräfte?

4. September

Es gibt keine geborenen Verlierer. Wir lernen, zu verlieren. Und deshalb können wir auch wieder lernen, zu gewinnen.

Erfolgsregel

Tagestipp

Nehmen Sie Herausforderungen an und konzentrieren Sie sich auf Ihre Fähigkeiten.

5. September

Dankbarkeit ist nicht nur die größte aller Tugenden, sondern auch die Mutter von allen.

Cicero

Tagestipp

Wofür sind Sie dankbar?

6. September

Erfolg gibt Sicherheit, Sicherheit gibt Erfolg.

Ulrich Schamoni

Tagestipp

Wie sichern Sie heute Ihren Erfolg?

7. September

Ein kluger Mensch findet immer Zeit für Dummheiten.

Jiri Novak

Tagestipp

Welche „Dummheit" könnten Sie heute begehen?

8. September

Wer sich über irgendetwas eine Minute lang ärgert, sollte bedenken, dass er dadurch 60 Sekunden Fröhlichkeit verliert.

Robert Stolz

Tagestipp

Wo können Sie heute Zeit sparen?

9. September

Ein Klatschmaul ist, wer mit dir über andere redet. Ein Langweiler ist, wer mit dir über sich selbst redet. Und ein glänzender Gesprächspartner ist, wer mit dir über dich selbst redet.

Dr. William King

Tagestipp

Seien Sie heute ein glänzender Gesprächspartner.

10. September

Manchmal mag der Pessimist langfristig Recht bekommen, aber der Optimist hat bis dahin die vergnüglichere Reise.

Daniel Reardon

Tagestipp

Was stimmt Sie heute optimistisch?

11. September

Wenn wir uns einig sind, gibt es wenig, was wir nicht können. Wenn wir uneins sind, gibt es wenig, was wir können.

John F. Kennedy

Tagestipp

Schaffen Sie Gemeinsamkeiten.

12. September

Wenn es einen Weg gibt, etwas besser zu machen: finde ihn. **Thomas A. Edison**

Tagestipp

Was können Sie heute besser machen?

13. September

Die Zukunft ist die Zeit, in der du das bereust, was du nicht getan hast.

Amerikanisches Sprichwort

Tagestipp

Denken Sie einige Jahre in die Zukunft. Was würden Sie bereuen, wenn Sie es nicht getan hätten.

14. September

Es ist viel mehr wert, jederzeit die Achtung der Menschen zu haben als gelegentlich ihre Bewunderung. **Jean-Jacques Rousseau**

Tagestipp

Warum achten mich andere Menschen?

15. September

Frag nicht, was das Leben dir gibt, frag, was du dem Leben geben kannst.

Alfred Adler

Tagestipp

Was gestalten Sie heute aktiv für Ihre Lebensqualität?

16. September

Wer A sagt, der muss auch B sagen. Er kann aber auch erkennen, dass A falsch war.

Bertolt Brecht

Tagestipp

Verschließen Sie sich Ihre Möglichkeiten nicht.

17. September

Der kluge Mann macht nicht alle Fehler selber. Er gibt auch anderen eine Chance.

Winston Churchill

Tagestipp

Lernen Sie auch aus Fehlern anderer.

18. September

Ein Leben ohne Feste ist eine weite Reise ohne Gasthaus.

Demokrit

Tagestipp

Laden Sie sich Freunde ein.

19. September

Der geniale Mensch ist der, der Augen hat für das, was ihm vor den Füßen liegt.

Johann Jakob Mohr

Tagestipp

Halten Sie Ausschau nach sofort umsetzbaren Lösungen in Ihrer Umgebung.

20. September

Wer nicht genießt, wird ungenießbar.

Konstantin Wecker

Tagestipp

Genießen Sie Ihren Tag.

21. September

Merkmal großer Menschen ist, dass sie an andere weit geringere Anforderungen stellen als an sich selbst.

Marie von Ebner-Eschenbach

Tagestipp

Welche Anforderungen stellen Sie heute an sich und andere?

22. September

Nichts auf der Welt ist so mächtig wie eine Idee, deren Zeit gekommen ist.

Victor Hugo

Tagestipp

Welche Idee verlangt heute noch Umsetzung?

23. September

Kraft kommt nicht aus körperlichen Fähigkeiten. Sie entspringt einem unbeugsamen Willen.

Mahatma Gandhi

Tagestipp

Was wollen Sie wirklich?

24. September

Selbstvertrauen ist die Quelle des Vertrauens zu anderen.

François de la Rochefoucauld

Tagestipp

Warum können Sie sich selbst vertrauen?

25. September

Es ist ein Zeichen von geistiger Größe, sich über die Dinge zu freuen, die man hat, anstatt sich über das zu ärgern, was man nicht mehr oder noch nicht hat.

Lebensweisheit

Tagestipp

Erfreuen Sie sich heute an allen Dingen, die Sie haben.

26. September

Lob ist eine gewaltige Antriebskraft, dessen Zauber seine Wirkung nie verfehlt.

Andor Foldes

Tagestipp

Wessen Antriebskraft werden Sie heute mittels Lob verstärken?

27. September

Zufriedenheit bringt auch in der Armut Glück; Unzufriedenheit ist Armut, auch im Reichtum.

Konfuzius

Tagestipp

Was lässt Sie zufrieden sein?

28. September

Ein guter Zuhörer ist nicht nur überall beliebt, sondern mit der Zeit weiß er auch einiges.

Wilson Milzner

Tagestipp

Lernen Sie vom anderen.

29. September

Die Menschheit wird erst glücklich sein, wenn alle Menschen Künstlerseelen haben werden, das heißt, wenn allen ihre Arbeit Freude macht.

Johann Wolfgang von Goethe

Tagestipp

Was macht Ihnen an Ihrer Arbeit Spaß?

30. September

Eine Sache lernt man, indem man sie macht.

Cesare Pavese

Tagestipp

Probieren Sie etwas aus.

1. Oktober

Ein kluger Mann wird sich mehr Gelegenheiten schaffen, als sich ihm bieten. (A wise man will make more opportunities than he finds.) **Francis Bacon**

Tagestipp

Wie können Sie sich Gelegenheiten schaffen?

2. Oktober

Gib der Alltäglichkeit ihr Recht und sie wird dir mit ihren Anforderungen nicht zur Last fallen. **Clemens von Brentano**

Tagestipp

Akzeptieren Sie Routinearbeiten.

3. Oktober

Der Anfang ist die Hälfte des Ganzen.

Aristoteles

Tagestipp

Beginnen Sie heute mit etwas Wichtigem.

4. Oktober

Die Zukunft wird dein sein, wenn du die Vergangenheit hinter dir lässt. Die Zukunft wird dein sein, wenn du die Zukunft auf einen Drink einlädst. Die Zukunft wird dein sein, wenn du ihr Gold und Silber gibst. So wird der Erfolg mit dir wandern. **Gabriel Peekel**

Tagestipp

Was können Sie heute dafür tun, um Ihre Zukunft zu gestalten?

5. Oktober

Lebenskunst ist die Kunst des richtigen Weglassens. **Coco Chanel**

Tagestipp

Auf was können Sie heute verzichten?

6. Oktober

Wer möchte nicht lieber durch Glück dümmer als durch Schaden klug werden?

Salvador Dalí

Tagestipp

Nehmen Sie es, wie es kommt und machen Sie das Beste daraus.

7. Oktober

Genie ist 1 Prozent Inspiration und 99 Prozent Transpiration. **Thomas Alva Edison**

Tagestipp

Geben Sie heute 100 Prozent.

8. Oktober

Ich brauche kein Duftwässerchen, denn ich bin selbst eine dufte Persönlichkeit.

Ron Sommer

Tagestipp

Stärken Sie Ihr Selbstvertrauen und glauben Sie an sich.

9. Oktober

Es bleibt einem jeden immer noch so viel Kraft, das auszuführen, wovon er überzeugt ist.

Johann Wolfgang von Goethe

Tagestipp

Welche Überzeugung gibt Ihnen heute Kraft?

10. Oktober

Wer will denn alles gleich ergründen, sobald der Schnee schmilzt, wird sich's finden.

Johann Wolfgang von Goethe

Tagestipp

Manchmal muss man auch warten können. Manche Probleme lösen sich von selbst.

11. Oktober

Sicherheit erreicht man nicht, indem man Zäune errichtet, sondern indem man Tore öffnet.

Urho Kaleva Kekkonen

Tagestipp

Welche Tür werden Sie heute öffnen?

12. Oktober

Abends muss man die Idee haben, morgens die kritische Haltung und mittags den Entschluss treffen.

André Kostolany

Tagestipp

Probieren Sie es aus.

13. Oktober

Alles Fertige wird angestaunt, alles Werdende wird unterschätzt.

Friedrich Nietzsche

Tagestipp

Bringen Sie etwas Unfertiges zu Ende.

14. Oktober

Kein Unglück ist in Wirklichkeit so groß wie unsere Angst.

Franz Werfel

Tagestipp

Mutig bedeutet nicht, keine Angst zu haben, sondern trotz Angst zu handeln. Gehen Sie heute entschlossen und mutig an eine Aufgabe heran.

15. Oktober

Ehrliche, herzliche Begeisterung ist einer der wirksamsten Erfolgsfaktoren.

Dale Carnegie

Tagestipp

Entwickeln Sie heute herzliche Begeisterung.

16. Oktober

Ohne die Kälte und Trostlosigkeit des Winters gäbe es die Wärme und die Pracht des Frühlings nicht.

Ho Chi Minh

Tagestipp

Akzeptieren Sie auch die schlechten Zeiten und bereiten Sie sich auf die guten Zeiten vor.

17. Oktober

Freude heißt die starke Feder in der ewigen Natur. Freude, Freude treibt die Räder in der großen Weltenuhr.

Friedrich Schiller

Tagestipp

Warum freuen Sie sich heute?

18. Oktober

Lieber Staub aufwirbeln als Staub ansetzen.

Hubert Burda

Tagestipp

Womit können Sie heute positiv auffallen?

19. Oktober

Es gibt nur einen Weg zum Glück und der bedeutet, aufzuhören mit der Sorge um Dinge, die jenseits der Grenzen unseres Einflussvermögens liegen.

Epiktet

Tagestipp

Sorgen Sie sich nicht, leben Sie.

20. Oktober

Ein Misserfolg ist die Chance, es beim nächsten Mal besser zu machen.

Henry Ford

Tagestipp

Was möchten Sie beim nächsten Mal besser machen?

21. Oktober

Alles Große in unserer Welt geschieht nur, weil jemand mehr tut, als er muss.

Hermann Gmeiner

Tagestipp

Was tun Sie heute mehr?

22. Oktober

Die Begeisterungsfähigkeit trägt deine Hoffnungen empor zu den Sternen. Sie ist das Funkeln in deinen Augen, die Beschwingtheit deines Ganges, der Druck deiner Hand und der Wille und die Entschlossenheit, deine Wünsche in die Tat umzusetzen.

Henry Ford

Tagestipp

Welcher Funke entfacht heute Ihre Begeisterungsfähigkeit?

23. Oktober

Erfahrung ist jener kostbare Besitz, der uns befähigt, einen Fehler sofort zu erkennen, wenn wir ihn immer wieder machen.

Danny Kaye

Tagestipp

Nutzen Sie heute Ihre Erfahrungen.

24. Oktober

Nicht: Es muss etwas geschehen, sondern: Ich muss etwas tun.

Hans Scholl

Tagestipp

Was werden Sie heute selbst in die Hand nehmen?

25. Oktober

Die eine Hälfte des Lebens ist Glück, die andere ist Disziplin - und die ist entscheidend, denn ohne Disziplin könnte man mit seinem Glück nichts anfangen.

Carl Zuckmayer

Tagestipp

Was werden Sie heute konsequent umsetzen?

26. Oktober

Man muss ins Gelingen verliebt sein, nicht ins Scheitern.

Ernst Bloch

Tagestipp

Suchen Sie sich heute eine Aufgabe zum Verlieben.

27. Oktober

Wer über etwas lachen kann, befreit sich davon. (He who can laugh about something frees himself of it.)

Cyril Northcote Parkinson

Tagestipp

Wovon können Sie sich heute befreien?

28. Oktober

Der Fleißige hat die meiste Freizeit.

Cyril Northcote Parkinson

Tagestipp

Arbeiten Sie heute für einen zusätzlichen freien Tag.

29. Oktober

Lebensklugheit bedeutet: alle Dinge möglichst wichtig, aber keines völlig ernst nehmen.

Arthur Schnitzler

Tagestipp

Welche Dinge lohnen nicht, sich darüber aufzuregen?

30. Oktober

Es ist nicht wenig Zeit, die wir haben, sondern viel Zeit, die wir nicht nutzen.

Seneca

Tagestipp

Welche Zeiten können Sie besser nutzen?

31. Oktober

Zwei Dinge kommen nie zurück: gestern und unzufriedene Kunden.

Erfolgsregel

Tagestipp

Überlegen Sie sich etwas Besonderes, um unzufriedene Kunden wieder zu begeistern.

1. November

Lieber einmal nichts tun, als mit viel Mühe nichts schaffen.

Managerweisheit

Tagestipp

Lassen Sie heute Ihre Seele baumeln.

2. November

Glaube ist der Vogel, der singt, wenn die Nacht noch dunkel ist.

Rabindranath Tagore

Tagestipp

Welcher Gedanke bringt Sie heute in gute Stimmung?

3. November

Der Aufschub ist der Dieb der Zeit. (Procrastination is the thief of time.)

Edward Young

Tagestipp

Erledigen Sie heute möglichst alles sofort.

4. November

Ehe wir uns anschicken, andere zu überzeugen, müssen wir selbst überzeugt sein.

Dale Carnegie

Tagestipp

Wie überzeugen Sie sich selbst?

5. November

Einfachheit ist das Resultat der Reife.

Friedrich Schiller

Tagestipp

Was können Sie heute einfacher machen?

6. November

Unkraut nennt man die Pflanzen, deren Vorzüge noch nicht erkannt worden sind.

Ralph Waldo Emerson

Tagestipp

Suchen Sie heute in allen Aufgaben die Vorzüge.

7. November

Auch Worte sind Taten.

Ludwig Wittgenstein

Tagestipp

Wenn Sie heute reden, sollte das, was Sie sagen, besser sein als Ihr Schweigen gewesen wäre.

8. November

Der kürzeste Weg ist nicht der möglichst gerade, sondern der, bei welchem die günstigsten Winde unsere Segel schwellen; so sagt die Lehre der Schifffahrer.

Friedrich Nietzsche

Tagestipp

Welcher Umweg führt Sie schneller zu Ihrem Ziel?

9. November

Das Herz hat seine Gründe, die der Verstand nicht kennt. (Le coeur a ses raisons que la raison ne connaît point.)

Blaise Pascal

Tagestipp

Treffen Sie heute keine Entscheidung gegen Ihr Gefühl.

10. November

Man muss die Merkmale, die einen deutlich vom Wettbewerb abheben, betonen und darf sich nicht dazu verleiten lassen, sie zu verwässern.

Anita Roddick

Tagestipp

Was unterscheidet Sie von anderen?

11. November

Wenn die Rose selbst sich schmückt, schmückt sie auch den Garten.

Friedrich Rückert

Tagestipp

Womit tragen Sie heute zu einem positiven Gesamtbild bei?

12. November

Veränderung ist das Salz des Vergnügens.

Friedrich Schiller

Tagestipp

Welche Veränderung genießen Sie heute bewusst?

13. November

Das, was jemand von sich selbst denkt, bestimmt sein Schicksal.

Mark Twain

Tagestipp

Was würde Ihr bester Freund über Sie sagen?

14. November

Man darf niemandem seine Verantwortung abnehmen, aber man soll jedem helfen, seine Verantwortung zu tragen.

Heinrich Wolfgang Seidel

Tagestipp

Wem können Sie heute ganz konkret helfen?

15. November

Der einzige Mensch, der sich vernünftig benimmt, ist mein Schneider. Er nimmt jedes Mal neu Maß, wenn er mich trifft, während alle anderen immer die alten Maßstäbe anlegen in der Meinung, sie passten auch heute noch.

George Bernard Shaw

Tagestipp

Behandeln Sie heute andere Menschen so, wie sie behandelt werden möchten.

16. November

Ich bin bereit, überall hinzugehen, wenn es nur vorwärts ist. **David Livingstone**

Tagestipp

Was bringt Sie heute vorwärts?

17. November

Wer lachen kann, dort wo er hätte heulen können, bekommt wieder Lust zum Leben.

Werner Finck

Tagestipp

Nehmen Sie es heute mit Humor.

18. November

Wenn das Leben keine Vision hat, nach der man sich sehnt, die man verwirklichen möchte, dann gibt es auch kein Motiv, sich anzustrengen.

Erich Fromm

Tagestipp

Wofür lohnt es sich heute, sich anzustrengen?

19. November

Frei ist, wer will, was er ohnehin muss.

Lebensweisheit

Tagestipp

Was macht Ihnen Spaß an Ihren Pflichten?

20. November

Das Glück des Lebens kann niemand schmieden, immer nur das Glück des Augenblicks.

Karl-Heinrich Waggerl

Tagestipp

Genießen Sie diesen Tag in einzelnen Augenblicken.

21. November

Nichts sieht hinterher so einfach aus wie eine verwirklichte Utopie.

Wernher von Braun

Tagestipp

Auch kleine Dinge haben große Wirkung. Welche kleine „Spinnerei" kann Ihnen heute Erfolg bringen?

22. November

Es gibt Dinge, die jeder leicht haben kann, nur bücken muss er sich danach.

Adalbert Stifter

Tagestipp

Nutzen Sie heute alle Chancen, die sich Ihnen in den Weg stellen.

23. November

Verbringe nicht die Zeit mit der Suche nach einem Hindernis. Vielleicht ist keines da.

Franz Kafka

Tagestipp

Manchmal kann es auch leicht gehen. Laufen Sie los!

24. November

Vielleicht gibt es schönere Zeiten, aber diese ist die unsere. **Jean-Paul Sartre**

Tagestipp

Machen Sie das Beste aus Ihrem Tag.

25. November

Ein Gentleman ist jemand, der selbst jenen Menschen Respekt entgegenbringt, die für ihn von keinerlei Nutzen sein können.

William Lyon Phelps

Tagestipp

Unterhalten Sie sich heute interessiert mit jemandem, von dem Sie vermeintlich keinen Nutzen haben.

26. November

Eine gute Rede soll das Thema erschöpfen, nicht die Zuhörer.

Winston Churchill

Tagestipp

Vertiefen Sie sich heute in ein ganz spezielles Thema.

27. November

Wer die Welt verbessern will, der fange bei sich selbst an.

Ingnatius von Loyola

Tagestipp

Wie kann ich heute besser werden?

28. November

Ich kenne keinen Fehler bei anderen, den ich nicht auch hätte begehen können.

Johann Wolfgang von Goethe

Tagestipp

Wie können Sie heute anderen helfen, aus Ihren Fehlern zu lernen?

29. November

Man sage nicht, am schwersten sei die Tat, da hilft der Mut, der Augenblick, die Regung; das Schwerste dieser Welt ist der Entschluss.

Franz Grillparzer

Tagestipp

Treffen Sie heute einen Entschluss, der Sie persönlich weiterbringt.

30. November

Der Mensch saugt Anerkennung auf wie der trockene Schwamm das Wasser.

Töppich

Tagestipp

Seien Sie heute großzügig mit Lob und Anerkennung.

1. Dezember

Je planmäßiger die Menschen vorgehen, desto wirksamer trifft sie der Zufall.

Friedrich Dürrenmatt

Tagestipp

Genießen Sie auch einmal einen Tag und seien Sie gespannt, was Ihnen zufällt.

2. Dezember

Es steht in Ihrer Macht, die Summe menschlichen Glücks zu vermehren. Wie? Durch einige Worte aufrichtiger Anerkennung zu einem Menschen, der einsam oder entmutigt ist. Vielleicht werden Sie morgen vergessen haben, was sie heute an freundlichen Worten gesagt haben, der Empfänger jedoch mag sein Leben lang daran denken. **Dale Carnegie**

Tagestipp

Ermutigen Sie heute einen Menschen, der Mut brauchen könnte.

3. Dezember

Nichts ist so gefährlich wie eine Idee, wenn man nur eine hat.

Cartier

Tagestipp

Sammeln Sie so viele Ideen wie möglich.

4. Dezember

Plane, was du tust und tue es, wie geplant.

Erfolgsregel

Tagestipp

Planen Sie heute Ihren Tag und setzen Sie den Plan konsequent um.

5. Dezember

Wie alles, was etwas taugt, musste das, was sie geschaffen haben, wachsen.

Quincy

Tagestipp

Was können Sie heute für Ihre Zukunft pflanzen?

6. Dezember

Nehmen Sie die Menschen, wie sie sind, andere gibt es nicht.

Konrad Adenauer

Tagestipp

Suchen Sie das Positive im anderen.

7. Dezember

Will man Schweres bewältigen, muss man es leicht angehen.

Bertolt Brecht

Tagestipp

Starten Sie große Aufgaben mit kleinen Schritten.

8. Dezember

Glück entsteht oft durch Aufmerksamkeit in kleinen Dingen, Unglück oft durch Vernachlässigung kleiner Dinge.

Wilhelm Busch

Tagestipp

Welche kleinen Dinge machen Ihren Tag heute wertvoll?

9. Dezember

Kluge Leute lernen auch von ihren Feinden.

Aristoteles

Tagestipp

Was lernen Sie heute von Ihren Gegnern?

10. Dezember

Dies ist ein kleiner Schritt für einen Menschen, aber ein Riesenschritt für die Menschheit. (That's one small step for a man, but one giant leap for mankind.)

Neil Armstrong

Tagestipp

In welcher Disziplin können Sie Erster sein?

11. Dezember

Die Vergangenheit und die Gegenwart sind unsere Mittel. Die Zukunft allein ist unser Zweck.

Blaise Pascal

Tagestipp

Welche Mittel werde ich heute zur Gestaltung meiner Zukunft einsetzen?

12. Dezember

Das Schlichte ist in allen Künsten das Schönere.

Martin Luther

Tagestipp

Erfreuen Sie sich heute an den einfachen Dingen des Lebens.

13. Dezember

Jeder von uns muss lernen, das Glück in sich selbst zu finden.

Barbara Rütting

Tagestipp

Wofür sind Sie dankbar?

14. Dezember

Wenn der Weg das Ziel ist, ist es besser, unterwegs als am Ende zu sein!

Michael Löhner

Tagestipp

Setzen Sie sich vor der Erreichung Ihrer Ziele neue Ziele.

15. Dezember

Zeit-Management bedeutet, die eigene Zeit und Arbeit zu beherrschen, anstatt sich von ihr beherrschen zu lassen!

Prof. Lothar J. Seiwert

Tagestipp

Setzen Sie Prioritäten und bearbeiten Sie zuerst, was Ihnen wichtig ist.

16. Dezember

Suchen Sie nicht nach Fehlern, suchen Sie nach Lösungen.

Henry Ford

Tagestipp

Wenn etwas schief gehen sollte, konzentrieren Sie sich auf die Lösungen, nicht auf die Schuldigen.

17. Dezember

Nur wer erwachsen wird und ein Kind bleibt, ist ein Mensch.

Erich Kästner

Tagestipp

Welche besonderen Fähigkeiten von Kindern können Sie sich heute aneignen?

18. Dezember

Inmitten von Schwierigkeiten liegen immer günstige Gelegenheiten.

Albert Einstein

Tagestipp

Finden Sie die Gelegenheit in jeder Ihrer Schwierigkeiten.

19. Dezember

Gib jedem Tag die Chance, dein bester zu werden.

Arthur Lassen

Tagestipp

Seien Sie offen und halten Sie Ausschau nach den Gelegenheiten, die sich Ihnen heute bieten.

20. Dezember

Die Hummel: Sie hat 0,7 cm² Flügelfläche bei 1,2 Gramm Gewicht. Nach den bekannten Gesetzen der Aerodynamik ist es unmöglich, bei diesem Verhältnis zu fliegen. Da die Hummel das nicht weiß, fliegt sie einfach.

Erfolgsregel

Tagestipp

Lassen Sie sich nicht von der Wissenschaft abhalten. Setzen Sie heute auf Ihre Intuition.

21. Dezember

Was du mit Geld nicht bezahlen kannst, bezahle wenigstens mit Dank.

Deutsches Sprichwort

Tagestipp

Danken Sie heute einem Menschen, dessen „Leistung" Sie nicht mit Geld aufwiegen können.

22. Dezember

Wer glücklich ist, wird auch andere glücklich machen.
Anne Frank

Tagestipp

Was hindert Sie eigentlich daran, jetzt im Moment glücklich zu sein?

23. Dezember

Wer ständig glücklich sein will, muss sich ständig ändern.
Konfuzius

Tagestipp

Welche Veränderung bereichert heute Ihr Leben?

24. Dezember

Liebe ist das Einzige, was mehr wird, wenn wir es verschwenden.

Ricarda Huch

Tagestipp

Schenken Sie Liebe.

25. Dezember

Tage, die uns glücklich machen, machen uns auch weise.

John Masefield

Tagestipp

Machen Sie den heutigen Tag zu Ihrem Glückstag.

26. Dezember

Ich fühle, dass Kleinigkeiten die Summe des Lebens ausmachen.

Charles Dickens

Tagestipp

Welche Selbstverständlichkeit lernen Sie heute neu zu schätzen?

27. Dezember

Es gibt mehr Leute, die aufgeben, als solche, die scheitern.

Henry Ford

Tagestipp

Suchen Sie nach Gründen, warum Sie Ihr Ziel weiterverfolgen wollen.

28. Dezember

Lernfähigkeit ist eine Angelegenheit der geistigen Haltung, nicht des Alters.

Emil Oesch

Tagestipp

Beginnen Sie heute mit einem Buch, das Sie schon lange interessiert.

29. Dezember

Die Menschen, die etwas von heute auf morgen verschieben, sind dieselben, die es bereits von gestern auf heute verschoben haben.

Prof. Lothar J. Seiwert

Tagestipp

Prüfen Sie, ob das, was Sie täglich verschieben, überhaupt getan werden muss. Wenn ja, prüfen Sie, ob es von Ihnen getan werden muss. Wenn ja, befreien Sie sich von der Last und erledigen Sie es gleich.

30. Dezember

Geld allein macht nicht glücklich. Es gehören auch noch Aktien, Gold und Grundstücke dazu.

Danny Kaye

Tagestipp

Überprüfen Sie Ihre Finanzen.

31. Dezember

Mögen täten wir schon wollen, aber dürfen haben wir uns nicht getraut.

Karl Valentin

Tagestipp

Sie können heute tun, was Sie wollen, Sie müssen aber nicht.

Mein Tag ist *heute!*

Zitate und Weisheiten für Menschen, die noch erfolgreicher werden wollen.

IN*tem* MEDIA

Die Zitate, Weisheiten und Tagestipps wurden in Zusammenarbeit mit dem IN*tem* TrainerTeam erstellt.

Weitere Informationen zur IN*tem*-Gruppe:

www.intem.de

Das IN*tem* TrainerTeam

Agnesmeyer	Georg	46569	Hünxe
Beriault	Michael	47877	Willich
Beschinsky	Hermann	81249	München
Brunner	Jürgen	73734	Esslingen
Buhl	Wolfgang	71032	Böblingen
Contag	Jörn	30175	Hannover
Dapprich	Hans Robert	56479	Rehe
Dongowski	Norbert	56856	Zell/Mosel
Dreher	Stefan	66130	Saarbrücken
Drescher	Stefan	64589	Stockstadt
Eggert	Peter M.	71706	Markgröningen
Erfle	Walter	71732	Tamm
Ettel	Martin	69502	Hemsbach
Franke	Uwe	15517	Fürstenwalde
Friedrichsen	Carmen	10967	Berlin
Fürhapter	Magdalena	A-8010	Graz
Galal	Marc	97525	Schwebheim
Gaube	Eduard	41352	Korschenbroich
Gaube	Simone	41352	Korschenbroich
Gessler	Walter	74360	Ilsfeld
Gioldasi	Maria	68535	Edingen-Neckarhausen
Görmer	Bernd	91522	Ansbach
Grosse	Isolde	67069	Ludwigshafen
Günther	Horst	86899	Landsberg/Lech
Hagmaier	Ardeschyr	74889	Sinsheim
Henn	Doris	68782	Brühl
Hilsberg	Frank	67434	Neustadt/Weinstr.
Jandt	Stefan	59368	Werne
Kling	Marion	68219	Mannheim
König	Daniel	79761	Waldshut-Tiengen
Kriso	Geneviève	67434	Neustadt/Weinstr.
Kriso	Kurt	66111	Saarbrücken
Krohn	Johannes	06242	Krumpa

Krupp	Elmar	68723	Schwetzingen
Kutscher	Patric P.	64625	Bensheim
Lange	Alfred	09127	Chemnitz
Lehnhardt	Frank	66578	Heiligenwald
Loch	Markus	91052	Erlangen
Lorenzen	Claus	23701	Eutin
Mann	Hubert	A-2405	Bad Deutsch Altenburg
Mazur	Hans-Gerd	44651	Herne
Meierhofer	Lukas	CH-8906	Bonstetten
Mertens	Johannes	48291	Telgte
Michael	Cynthia	68161	Mannheim
Mostafa	Andreas	76133	Karlsruhe
Müller	Brigitte	01157	Dresden
Müller	Margareta	55437	Ockenheim
Notbauer	Heinz	A-8010	Graz
Oertel	Thomas	45665	Recklinghausen
Pape	Heinz Gisbert	51503	Rösrath
Pauer	Walter	68804	Altlußheim
Peekel	Margit	68766	Hockenheim
Rendelmann	Reiner	08141	Reinsdorf
Roth	Martin	35444	Biebertal
Rüger	Frank	35041	Marburg-Hermershausen
Ruggaber	Karl Franz	55288	Partenheim b. Mainz
Saborowski	Heidi	91077	Kleinsendebach
Schäper	Rüdiger	49078	Osnabrück
Schmidt	Jörg G.	56412	Oberelbert
Schmidt	Peter	71083	Herrenberg-Kuppingen
Schmidt	Robert	A-6200	Buch
Schmied	Mario	61118	Bad Vilbel
Schnaubelt	Michael	61169	Friedberg
Schneider	Monika	06311	Helbra
Schommers	Rolf-Christian	47169	Duisburg
Schrödter	Jürgen	14554	Neuseddin

Schüly	Günther	72764	Reutlingen
Schulz-Baldus	Heike	63768	Hösbach
Seßler	Helmut	68766	Hockenheim
Seßler	Jens	68219	Mannheim
Soltendiek	Ulrike	68199	Mannheim
Spratte	Guido	40219	Düsseldorf
Spurgeon	Susanne	A-6922	Wolfurt
Stecher	Cornelia	68159	Mannheim
Steimer-Lenz	Claudia	40789	Monheim
Sulak	Franjo	42000	Varazdin
Torrisi	Jennifer	68199	Mannheim
Treder	Klaus	22844	Norderstedt
von Berg	Wilfried	73431	Aalen
Waldmann	Alfons	73252	Lenningen
Weicker	Friedhelm	61440	Oberursel
Wessel	Edeltrud	56220	Urmitz
Winkler	Martin	47661	Issum-Sevelen
Witzemann	Klaus	72336	Balingen
Wörsdörfer	Markus	50667	Köln
Woywod	Regine	41189	Mönchengladbach
Zang	Armin	63867	Johannesberg
Zimmermann	Heinrich	A-6922	Wolfurt